Les Jolies Tenues
De Paulette
La Parisienne

JN058249

パリの 着せ替え人形と 手編みニット

今野 はるえ (1/2 PLACE)
ル ゴルヴォン 朋子

Paulette

名前：ポレット
在住地：フランス・パリ
身長：約42cm

おしゃれ大好きパリジェンヌ。
色や柄、素材を上手に組み合わせて、ベーシックなワードローブを小粋に着こなすのが得意。

はじめに

いちばんはじめに作ったのはネコ人形でした。
その後イヌのリクエストがあって、ロバやウサギと増えていき、
今はジネットという女の子人形と着せ替え服を作っています。

作り方を知りたいと、たくさんのご要望いただいておりましたが、
これだけはレシピ紹介するつもりがありませんでした。

そこで皆さんにも女の子の人形を作ることを楽しんでもらえるようにと、考えて生まれたのがポレットです！
ポレットは昔のフランスの女の子の名前。おしゃれ大好きなパリジェンヌです。

ずっといつかは本にしたいと思っていたニットは、パリの語学学校時代からの友人が作ってくれています。
きっちりした手仕事をする彼女と、雰囲気で作ってしまう私。
お互いの苦手部分を助け合いながら楽しく物づくりをやっています。

手作りが好きな方にも、苦手な方にも見て楽しい1冊になってくれたら嬉しいです。

今野 はるえ

はるえさんとはパリに来て以来の友達。彼女がネコの人形を作り始めた頃に、
特注でイヌの人形を作ってもらいました。私の宝物の一つです。

ある時カフェで待ち合わせて話をしているうちに、ほんの軽い気持ちから、
「じゃあ、私が編んであげるよ」と始めた1/2 place のニットのお仕事。
初めはボネとマフラーだけを編んでいたのに、どんどん他の物も作りたくなり、編んでは着せて、
気に入らなくてはほどいて又編んで……でも、それが楽しくてのめり込んでしまいました。

今回はベーシックなものをメインに紹介しています。編み図はできるだけ私達の服のように手間をかけ、
糸も自然素材を使用し高級感を出しました。
小さいからすぐ出来てしまうので、色々な糸で挑戦してコーディネートを楽しんでみて下さい。

1/2 place の一ファンとして、これからも、はるえさんのお手伝いをしながら、
色々なものを作っていきたいと思っています。

ル ゴルヴォン 朋子

Sommaire

Les Matériaux

毛糸（コットン100%）

毛糸（アルパカ100%）

毛糸（ウール65% アルパカ35%）

毛糸（ウール100%）

毛糸（アルパカ100% ※上毛糸と色違い）

段数カウンター

目数リング

かぎ針（左から3/4号、3号、6号）

とじ針

棒針4号とニットキャップ

糸きりバサミ

裁ちバサミ

輪編み用棒針

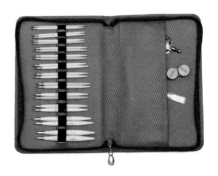

輪編み用棒針セット

ほつれ止め

clover スーパーポンポンメーカー

ニットゲージ定規

Gilet
Col Rond

メトロのホームで電車を待つポレット。ちょっと寒くなった秋にはカーディガンが便利。

白いカーディガンはプリントのお洋服にも合わせやすい必須アイテム。

赤、白、青のトリコロールカラーのコーディネートはポレットの定番スタイル。

モノトーンの大人っぽいコーディネートにもしっくり合う白いカーディガン。

Gilet
Manches
Courtes

夏に元気をくれるビタミンカラー。ボレロ風カーディガンはおしゃれのアクセントに。

爽やかな青や、使える白のカーディガンは夏コーデに欠かせない便利カラー。

セーター

Pull

丸首のベーシックなセーターは色違いで何枚も欲しいアイテム。

モンマルトルの丘にて。パリのグレーの空に映える赤いセーター。

パンツと合わせてマニッシュなスタイル。メリーゴーランドに乗ろうかな〜。

ペトロールカラーのセーター。明るい花柄と相性ぴったり。

上質なウールのシンプルなセーターは1枚で十分おしゃれな雰囲気に。

映画『地下鉄のザジ』に憧れて。赤のニットで地下鉄へ GO。

Short
En Tricot

部屋着スタイルのポレット。おうちの中でもおしゃれに手を抜きません！

ボーダーとも相性の良い毛糸のパンツで暖かい時間を過ごします。

ベスト

Pull
Sans
Manches

1枚でも重ね着でも使えるベスト。ウールで作ると冬仕様になります。

ボーダーにラタンの蓋付バーキンかごで夏のバカンススタイル。

シンプルな形のベストは何と合わせても可愛い！ 女の子らしい花柄スカートでお散歩。

窓辺でまどろむポレット。ショートパンツでボーイッシュに。

Gilet Sans Manches Avec Froufrous

袖のフリフリが女の子らしい可愛いニット。プリントスカートにもぴったり。

パンツを合わせるならワイドパンツがおすすめ。元気が出る色の組み合わせで夏らしく。

19世紀のプリント生地のスカートに合わせた赤いフリフリニット。

後ろあきのリボンがアクセント。紐の先にはヴィンテージガラスのビーズをつけて。

Bonnet

Béret

ベレーはパリジェンヌの必須アイテム。ちょっとレトロなスタイルがポレットの定番。

ベレーに小さなブローチをつけるだけでおしゃれ度がさらに UP！

Écharpe

POST CARD

料金受取人払郵便

小石川局承認

9994

差出有効期間
2023年
10月31日まで
(切手不要)

112-8790
127

東京都文京区千石4-39-17

株式会社　産業編集センター
出版部　行

★この度はご購読をありがとうございました。
お預かりした個人情報は、今後の本作りの参考にさせていただきます。
お客様の個人情報は法律で定められている場合を除き、ご本人の同意を得ず第三者に提供することはありません。また、個人情報管理の業務委託はいたしません。詳細につきましては、「個人情報問合せ窓口」(TEL:03-5395-5311〈平日 10:00 ~ 17:00〉)にお問い合わせいただくか「個人情報の取り扱いについて」(http://www.shc.co.jp/company/privacy/)をご確認ください。

※上記ご確認いただき、ご承諾いただける方は下記にご記入の上、ご送付ください。

株式会社 産業編集センター　個人情報保護管理者

ふりがな
氏　名

(男・女／　　　歳)

ご住所　〒

TEL:

E-mail:

新刊情報をDM・メールなどでご案内してもよろしいですか?	□可　□不可
ご感想を広告などに使用してもよろしいですか?	□実名で可　□匿名で可　□不可

ご購入ありがとうございました。ぜひご意見をお聞かせください。

■ お買い上げいただいた本のタイトル

ご購入日：　　　年　　月　　日　　書店名：

■ 本書をどうやってお知りになりましたか？

□ 書店で実物を見て
□ 新聞・雑誌・ウェブサイト（媒体名　　　　　　　　　　　　　　　　）
□ テレビ・ラジオ（番組名　　　　　　　　　　　　　　　　　　　　）
□ その他（　　　　　　　　　　　　　　　　　　　　　　　　　　　）

■ お買い求めの動機を教えてください（複数回答可）

□ タイトル　□ 著者　□ 帯　□ 装丁　□ テーマ　□ 内容　□ 広告・書評
□ その他（　　　　　　　　　　　　　　　　　　　　　　　　　　　）

■ 本書へのご意見・ご感想をお聞かせください

■ よくご覧になる新聞、雑誌、ウェブサイト、テレビ、
よくお聞きになるラジオなどを教えてください

■ ご興味をお持ちのテーマや人物などを教えてください

ご記入ありがとうございました。

ポンポンが可愛いマフラー。シンプルなお洋服に映えます。

作り方

Réalisations

丸首カーディガン

1 前後身頃を続けて編む。編み始めの1目ゴム編みは表2目、裏表……裏表2目で編み終わる。

2 襟ぐりも同様、35目ひろい表2目で始まり表2目で終わる。

3 前端は29目ひろい1目ゴム編み、右前端にのみボタンホールを作り、4段目伏せ目をする。

4 袖を2枚作り、袖下をとじ袖をつける。

5 ボタンを左前端につける。

糸：中細（50g、167m アルパカ100％）　出来上がり：20g
棒針：4号
とじ針
ほつれ止め
ボタン（10mm）1コ
ゲージ（10cm×10cm）23目×33段

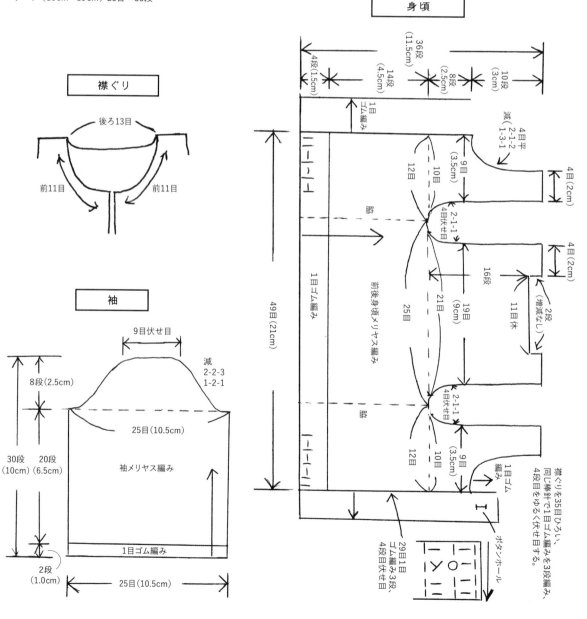

襟ぐり

後ろ13目
前11目　前11目

袖

9目伏せ目
8段（2.5cm）
減 2-2-3 1-2-1
25目（10.5cm）
30段（10cm）　20段（6.5cm）
袖メリヤス編み
2段（1.0cm）
1目ゴム編み
25目（10.5cm）

身頃

36段（11.5cm）
14段（4.5cm）
8段（2.5cm）
10段（3cm）
4段（1.5cm）
1目ゴム編み
4目平減（2-1-2 1-3-1）
9目（3.5cm）
12目　10目
2-1-1 4目伏せ目
4目（2cm）
16段
19目（9cm）
4目（2cm）
11目休
2段（増減なし）
25目　21目
脇
49目（21cm）
前後身頃メリヤス編み
1目ゴム編み
12目　10目
2-1-1 4目伏せ目
9目（3.5cm）
脇
1目ゴム編み
ボタンホール
29目1目ゴム編み3段、4段目伏せ目
襟ぐりを35目ひろい、同じ棒針で1目ゴム編みを3段編み、4段目をゆるく伏せ目する。

半袖カーディガン

糸：並太（50g、85m　綿100％）　出来上がり：24g
棒針：5号
とじ針
ほつれ止め
目数リング
ボタン（10mm）1コ
ゲージ（10cm×10cm）：19目×26段

1　袖2枚を5段目の両側伏せ目まで編んでおく。

2　前後身頃を続けて袖下15段目の伏せ目まで編む。
注：両端3目はガーター編み。

3　16段目の裏メリヤスを編むときに、袖も一緒に編み始める（始めはかなりかたい）。
身頃と袖の境に目数リングを入れておく。

4　17段目から目数リングの前後を左上2目一度（人）、右上2目一度（入）で減らしていく（前後身頃、袖あわせて48目）。

5　25段目から襟ぐりを減らしながらガーター編み、3段目の右端にボタンホールを作り5段目伏せ目する。

6　左前端にボタンをつける。

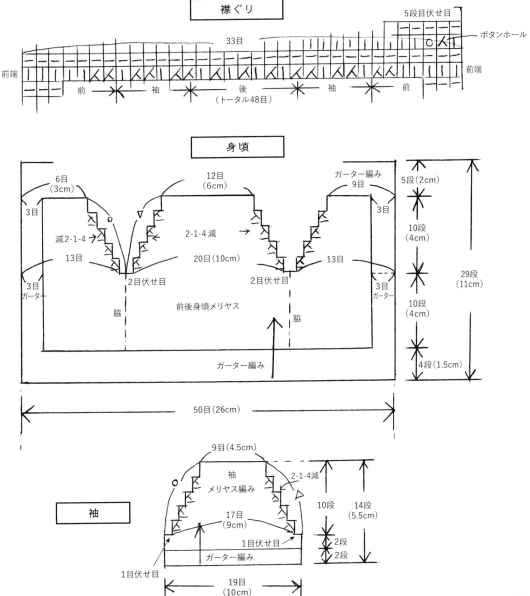

55

セーター

糸：極太（50g、75m　ウール65％　アルパカ35％）　出来上がり：35g
棒針：11号　※襟ぐりは6号
かぎ針：7号
とじ針
ほつれ止め
ゲージ（10cm×10cm）：16目×22段

1 前後身頃を続けて編む。

2 袖2枚を編む。

3 肩をとじ、襟ぐりを30目ひろい、6号針で1目
ゴム編み。

4 襟を内側に折り、8段目を1段目にゆるくまつる。

5 脇、袖下をとじる。

6 袖をかぎ針でつける。

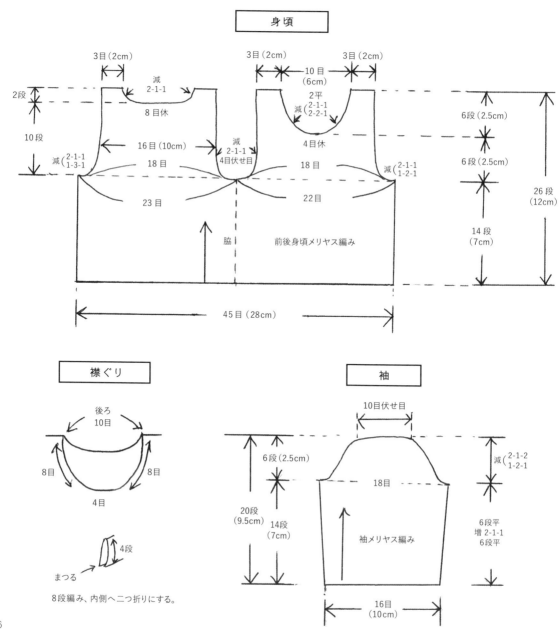

ベスト

1 前後身頃を続けて編む。

2 右肩、脇をとじる。

3 襟ぐりを33目ひろい、1目ゴム編みを3段編み、
4段目をゆるく伏せ目する。

4 左肩にスナップを2コつける。

糸：並太（50g、85m　綿100%）　出来上がり：20g
棒針：5号
とじ針
ほつれ止め
スナップ（7mm）2コ
ゲージ（10cm×10cm）：19目×26段

襟ぐり

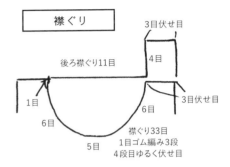

3目伏せ目

後ろ襟ぐり11目

4目

1目

3目伏せ目

6目

6目

5目

襟ぐり33目
1目ゴム編み3段
4段目ゆるく伏せ目

身頃

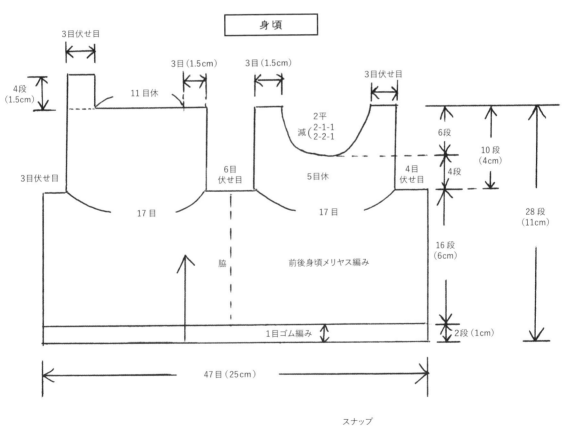

3目伏せ目

4段
(1.5cm)

11目休

3目(1.5cm)

3目(1.5cm)

3目伏せ目

3目伏せ目

6目
伏せ目

5目休

4目
伏せ目

2平
減（2-1-1
2-2-1

6段

10段
(4cm)

4段

17目

17目

28段
(11cm)

脇

前後身頃メリヤス編み

16段
(6cm)

1目ゴム編み

2段(1cm)

47目（25cm）

左肩

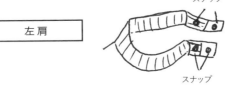

スナップ

スナップ

57

フリフリニット

糸：並太（50g、85m 綿100%） 出来上がり：17g
棒針：5号
かぎ針：5号
とじ針
ほつれ止め
ビーズ（9mm）2コ
ゲージ（10cm×10cm）19目×26段

1 前後身頃を続けて編む。

2 13段目は図のように減らし目をする。

3 14段目はそのまま増減なし。

4 15段目から袖下の減らし目をする。

5 後ろ身頃はスリットが入るため、途中から左右にわかれる。

6 肩脇をとじる。

7 かぎ針でくさりを30目作り、後ろ襟ぐり→前襟ぐり→後ろ襟ぐりと引き抜き止めをして、反対側もくさり30目を作る。先にビーズを止める。

8 袖ぐりはかぎ針で袖下部分からくさり編みをしてフリルを作る。

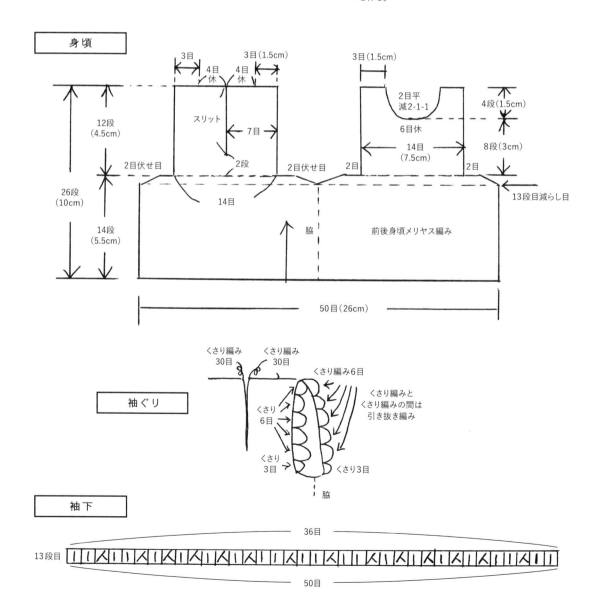

身頃

3目
4目休 4目休
3目（1.5cm）
3目（1.5cm）
2目平 減2-1-1
4段（1.5cm）
12段（4.5cm）
スリット
7目
6目休
8段（3cm）
2目伏せ目
2段
2目伏せ目 2目
14目（7.5cm）
2目
26段（10cm）
13段目減らし目
14目
14段（5.5cm）
脇
前後身頃メリヤス編み
50目（26cm）

袖ぐり

くさり編み 30目
くさり編み 30目
くさり編み6目
くさり編みとくさり編みの間は引き抜き編み
くさり6目
くさり3目
くさり3目
脇

袖下

36目
13段目
50目

58

ニットパンツ

糸：中細（50g、167m、アルパカ100％）　出来上がり：11g
　　ひも糸　50cm
棒針：4号
とじ針
ゲージ（10cm×10cm）：23目×33段

1　ウエストのガータ編みから裾にむけて編んでいく。

2　片脇と股ぐりをとじ針で閉じる。

3　ウエストのガータ編みのすぐ下の部分になみ縫いで
　　ひもを通し、両先端を玉結びする。

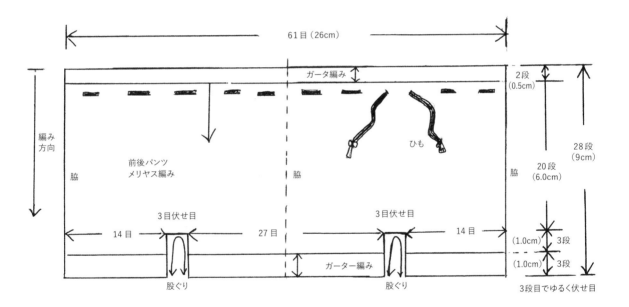

ニット帽

1 1目ゴム編みを表、表、裏、表、裏…と表2目で始める。

2 10段編んだら8目ごとに左上2目1度を毎段する。

3 残り16目になったら糸を約20cm残して切り、編み目の中に2周ぐらい通して絞り、残りの糸を内側に通しておく。

4 タテ部分を針でとじ、帽子のてっぺんから内側に残り糸を通し**3**の糸と結び、糸を固定させておく。

5 ポンポンを縛った糸は長めに切っておき、帽子のてっぺんから内側に通し、**3**と**4**の糸とリボン結びをしてつける。

糸：並太（50g、100m、ウール100％）　出来上がり：9g
棒針：6号
とじ針
ゲージ（10cm×10cm）：29目 ×23段
ポンポン：90巻1コ（出来上がり寸法約3.5cm）
※clover　スーパーポンポンメーカー（ピンク、直径約3.5cm）使用

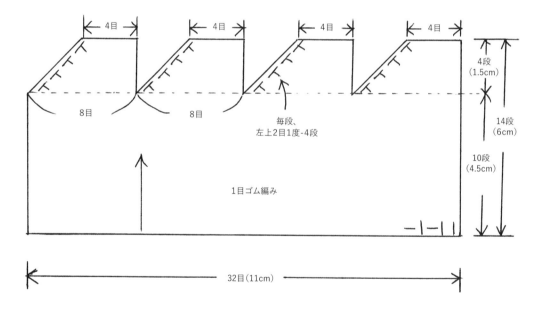

ベレー帽

1 わの作り目をして図のように中長編みで8段まで増やしていく。

2 9段目は増減なし。

3 10段目からは今まで増やしてきたところを図のように14段まで減らしていく。

4 ポンポンを縛った糸は長めに切っておき、ベレー帽中央（内側に出ている糸）とリボン結びをしてつける。

糸：中細（50g、167m　アルパカ100%）　出来上がり：11g
かぎ針：4号
とじ針
ポンポン：120巻1コ （出来上がり寸法約 3.5cm）
※clover スーパーポンポンメーカー（ピンク、直径約3.5cm）使用

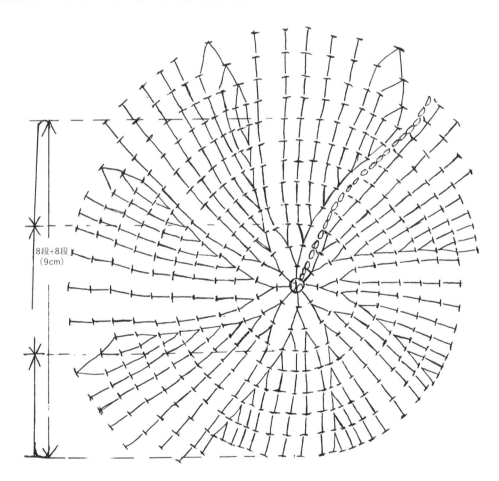

8段+8段
（9cm）

わ にして作り目

1 段目	8目中長編
2 段目	16目増
3 段目	32目増
4 段目	40目増
5 段目	48目増
6 段目	56目増
7 段目	64目増

8 段目	72目増
9 段目	増減なし
10 段目	64目減
11 段目	56目減
12 段目	48目減
13 段目	40目減
14 段目	32目減

マフラー

1 9目作り1目ゴム編みで37cmになるまで編む。

2 マフラーのはじめに残っている糸で、はじめの段をあらいなみ縫いで往復する。その糸をぎゅっと絞り、そのままポンポンをつける。反対側も同じ。

糸：並太（50g、100m　ウール100%）　出来上がり：16g
棒針：6号
ゲージ（10cm×10cm）：25目×24段
ポンポン：95巻2コ（出来上がり寸法約3.5cm）
※clover　スーパーポンポンメーカー（ピンク、直径約3.5cm）使用

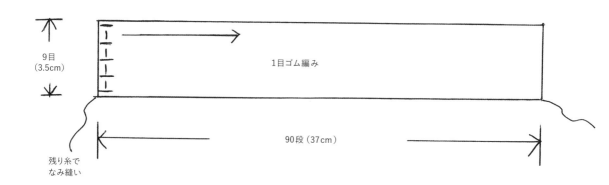

9目
(3.5cm)

1目ゴム編み

90段（37cm）

残り糸で
なみ縫い

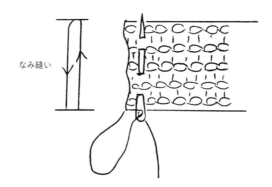

なみ縫い

Tシャツ

>> 型紙 **73**p

1

2枚を中表に重ねて、縫い代を8mmほどにして①〜③
の順に縫う。
③まで縫ったら前身頃の襟ぐりをカットして、④を縫う。

2

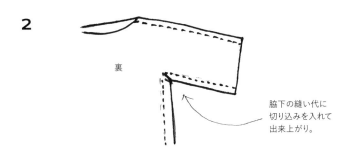

脇下の縫い代に
切り込みを入れて
出来上がり。

パンツ

>> 型紙 **77**p

1

裾を1cm折り返して縫う。

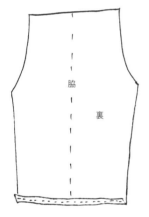

2

中表にして脇で2つに折って、
股下を縫う。

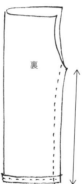

3

1枚は外表にして、中表にしているほうの内側に
重ね入れて股上をぐるりと縫う（内側に入れてい
るほうは外表）。
股下の縫い代は割っておく。

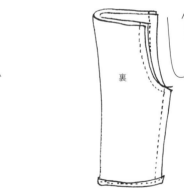

4

表に返してウエストの縫い代を3つ折りにし、
後ろに1cmほどの開きをつくって縫う。
4コールのゴム（約20cm）を通して出来上がり。

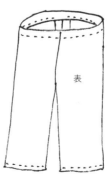

半袖 & ワンピース上身頃

>> 型紙 74p・75p

1

前後の襟ぐりの縫い代を
折り返して縫う。

2

4cm四方の布を各辺5mm内側に
折ってポケットにする。
前身頃の左胸に縫いつける。

3

前後身頃の肩を縫い合わせる。
縫い代は割っておく。

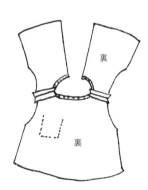

4

袖口の縫い代を折り返して縫う。
身頃の表側に袖の裏を上にして
袖山を縫う。両端の縫い代は縫わない。

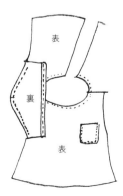

5

袖をわにして脇、袖下を縫う。

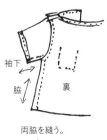

両脇を縫う。
↓
袖下を縫う。

6

表にして後ろの開き部分から裾の縫い代を
折り返して、ぐるっと縫う。
スナップを2つつけて出来上がり。

※ワンピースの場合は裾と開き部分を折
り返してアイロンをかける。スカートのウ
エスト部分にギャザーを寄せたら上身頃
を縫い合わせる。

キャミワンピ

1
上下1cmを折り返してアイロンをかける。

50cm　この寸法で縫い代込み

裏

19cm
(キャミの場合は
14cm、
縫い代込み)

2
わにして裾から8cm(キャミの場合は5cm)くらいまで縫う。裾1cmでアイロンをかけた部分を縫う。

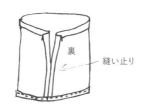

裏

縫い止り

3
上部1cmを折り返した部分に4コールのゴムを引っ張りながら、縫いつける。ゴムは20cmのところに印をつけておき、そこまで縫いつけることを目安にすると良い。

ゴム

裏

4
肩ひもをつくる。幅1cmになるよう3つ折りで縫う。

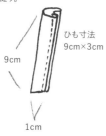

ひも寸法
9cm×3cm

9cm

1cm

5
身頃の後ろ開き部分に8～10mmのボタンをつけ、反対側にループをつくる。

表

6
人形に着せてみて肩ひもの位置を決めて縫いつける。

ワンピース

>> 上身頃型紙 **74**p・**75**p

1
半袖ブラウスと同じ作り方。
脇はまっすぐ縫い。
上身頃のウエスト部分を折り返してギャザーミシンをかけたスカート部分と縫い合わせる。

2
下身頃スカート部分は「スカート」(67P)と同じ。裾と両端1cmを折り返して縫う。

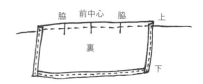

脇　前中心　脇　　上

裏

下

上部にギャザーミシンをかけてから4つ折りにしてアイロンをかけておくと、前・両脇の印になって上身頃と合わせるときにわかりやすい。

3
スカートと上身頃を縫い合わせたら、後ろ身頃の開き部分に8mmのスナップボタンを2つつけて出来上がり。

66

スカート

※スカートの型紙は掲載しておりません。

1
裾になるほうを1cm折り返してアイロンをかける。本書では出来上がりスカート丈13cmです。お好みでミニやロングにアレンジしてください。

60cm

15cm

2
わにして裾から5cmほどのところを縫う。

5cm

裾のアイロンをかけた部分を折り返して縫う。スカート上部にギャザーミシンをかける。2本にするとギャザーがきれいに入る。両端と前中心に印をつけておく。

3
ベルトはタテ5cm×ヨコ26cmを2つ折りにして左右1cmのところを1.5cmほど縫う。

5cm

26cm

4
表に返して4つ折りにしてアイロンをかける。アイロンでつけた線が両脇と前中心の印になる。

両脇

前中心

5
スカートにギャザーをよせてスカートの表側にベルトとあわせ、裏ベルトと縫い合わせる。縫っていない側のベルトを内側に倒してまつる。

6
スナップボタン（8mmぐらいのスナップ）をつけて出来上がり。

下着パンツ

>> 型紙 **76**p

1
裾を1cm折り返し、4コールのゴムを引っ張りながら縫いつける。

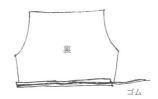

裏

ゴム

2
股下を縫い合わせる。

裏

3
パンツと同じ要領で2枚を合わせて股上を縫う。

裏

4
表に返しウエストの縫い代分を3つ折りにして、後ろに開きをつけて縫う。ゴム（約20cm）を通して出来上がり。

ポレット

>> 型紙 71p

材料

前髪　極太毛糸　8cmくらい×20本
後ろ髪　極太毛糸　18cmくらい×20本
お団子　毛糸を3本指に20回ぐるぐる
　　　　したものを4つ。2カ所結ぶ。

刺しゅう糸（DMC 2本取り）
目と眉　938
まつげ　919
目玉　501
くちびる　816

顔

目は目玉の輪郭を刺しゅうしたら、
目の中にラインを入れる。

顔の刺しゅう　アウトラインST
眉毛の眉頭は二重のステッチ。

くちびるは、輪郭をふちどりするように刺した後、
中を埋めるように刺しゅうする。

髪の毛

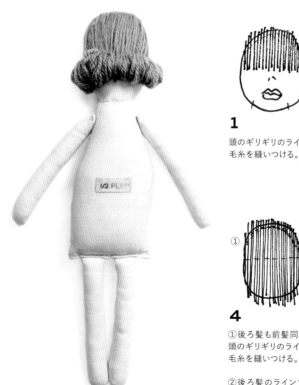

1
頭のギリギリのラインで
毛糸を縫いつける。

2
サイドの印から前髪のラ
インにそって縫いつける。

3
前髪ラインから毛糸を
折り返し、**1**で縫った頭
のギリギリのラインと同
じところを縫い、折り返
した髪を押さえる。

4
①後ろ髪も前髪同様に
頭のギリギリのラインで
毛糸を縫いつける。

②後ろ髪のラインで毛
糸を縫いつける。

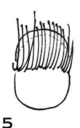

5
折り返した髪を、**4**の①
で縫ったギリギリのライ
ンと同じところを縫って
押さえる。余った毛糸
はカット。

6
中表に合わせて5～7
mm 内側を縫い合わせ
る。ガイドラインをチャ
コでマークすると縫い
やすい。

1

中表にして左右1cm内
側を縫い合わせたら、
ひっくり返す。

2

手足は中表に2つ折りし、
1cm内側を縫い合わせ
たらひっくり返す。

3

手足に綿を入れる。
手は上2cmぐらいあ
ける。足は1cmほど
あける。

＜綿入れのコツ＞
手足は必ず先端にしっかり綿をつめて
から、綿をつなげるようにぎゅうぎゅう
につめる。体も下の角部分にしっかり
つめてから、どんどん入れていく。パン
パンにつめて大丈夫。

4

綿が入っていない2cm部
分を1cm内側に折り返し
て、ミシンで縫いつける。

5

体の下部分を1cmほど
内側に折り返し、足の綿
が入っていない部分を差
し込んで上からミシンで
縫いつける。

6

体に綿を入れ、頭をつ
ける。顔のあごのあき
部分を内側に折り返
し、体の首部分にかぶ
せて縫いつける。

7

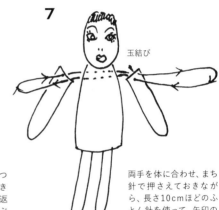

玉結び

両手を体に合わせ、まち
針で押さえておきなが
ら、長さ10cmほどのふ
とん針を使って、矢印の
要領で体に手をつける。
3周ほど縫うとしっかりつ
く。

髪の毛（全部組み立てた後に、お団子をつける）

1

お団子のくるくるは3
本指に20回巻きつけ、
2カ所結んでおく。

2

お団子のくるくるの結び
目を縫いつける（結び目
を隠すように）。

3

①お団子の上部から頭に
とめて4つつけていき、

②その後お団子の下側を
とめていく。縫いつける
時、結び目を内側に入れて
隠すようにつける。

Patron

□ ポレット
□ Tシャツ
□ 半袖＆ワンピース上身頃
□ 下着パンツ
□ パンツ

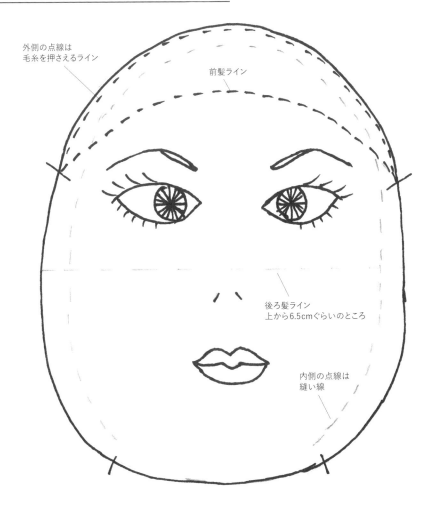

外側の点線は
毛糸を押さえるライン

前髪ライン

後ろ髪ライン
上から6.5cmぐらいのところ

内側の点線は
縫い線

手足（4枚）

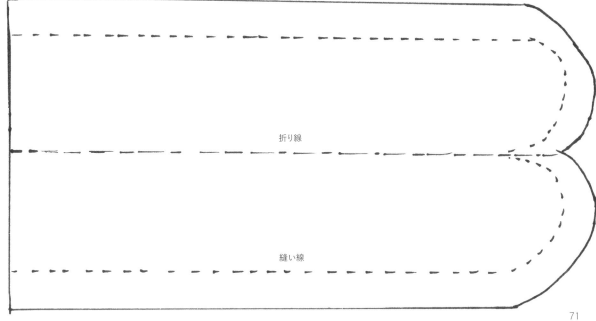

折り線

縫い線

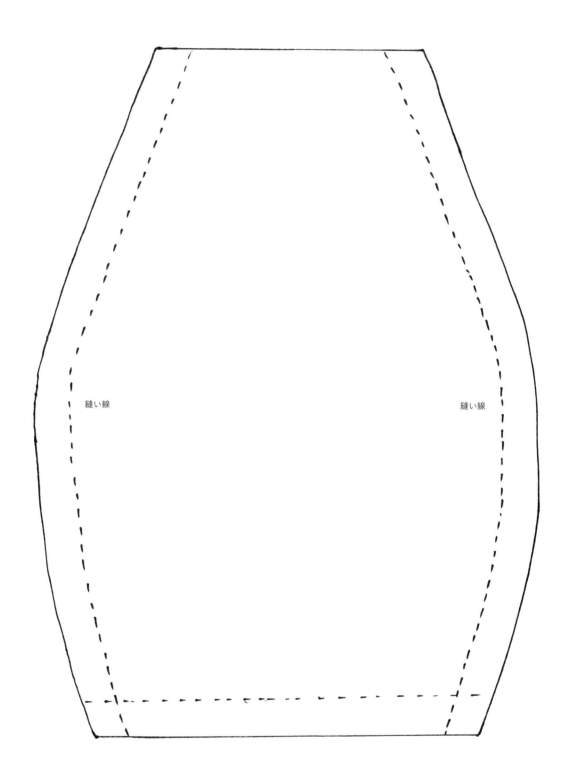

縫い線　　　　　　　　　　　　　　　縫い線

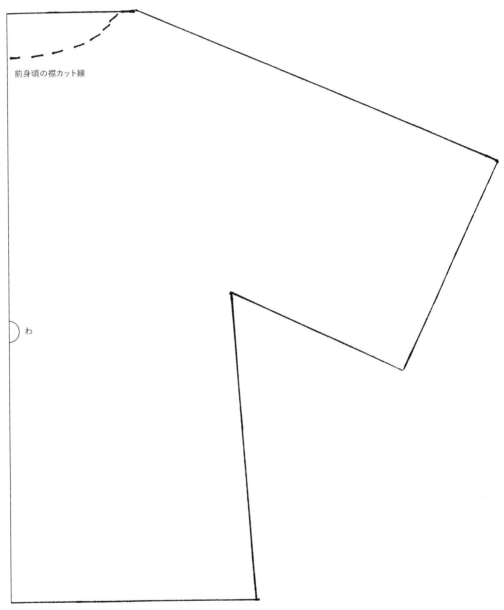

前身頃の襟カット線

わ

縫い代込み
※ゆとりを持たせたい時には縫い代＋1cm

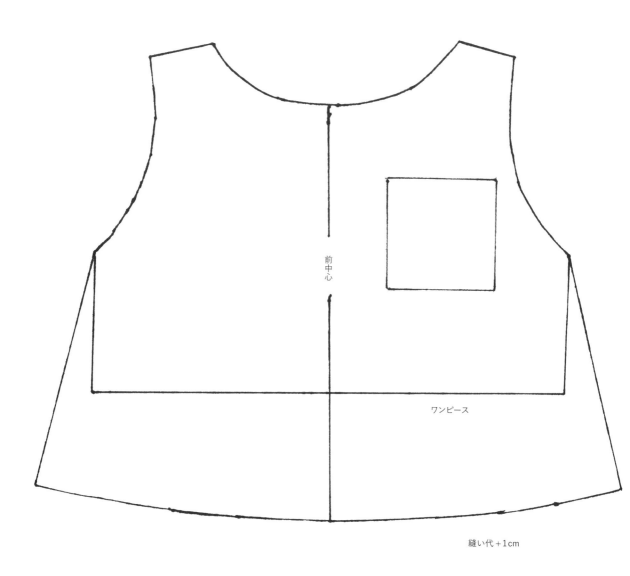

前中心

ワンピース

縫い代＋1cm

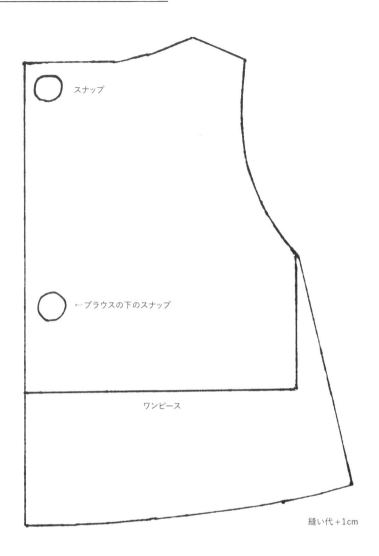

スナップ

←ブラウスの下のスナップ

ワンピース

縫い代＋1cm

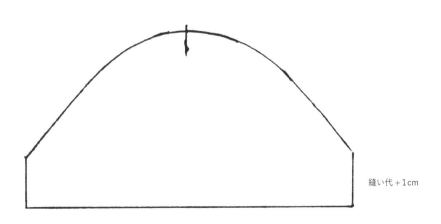

縫い代＋1cm

縫い代＋2cm

縫い代なし

縫い代＋1cm

パンツ （2枚）

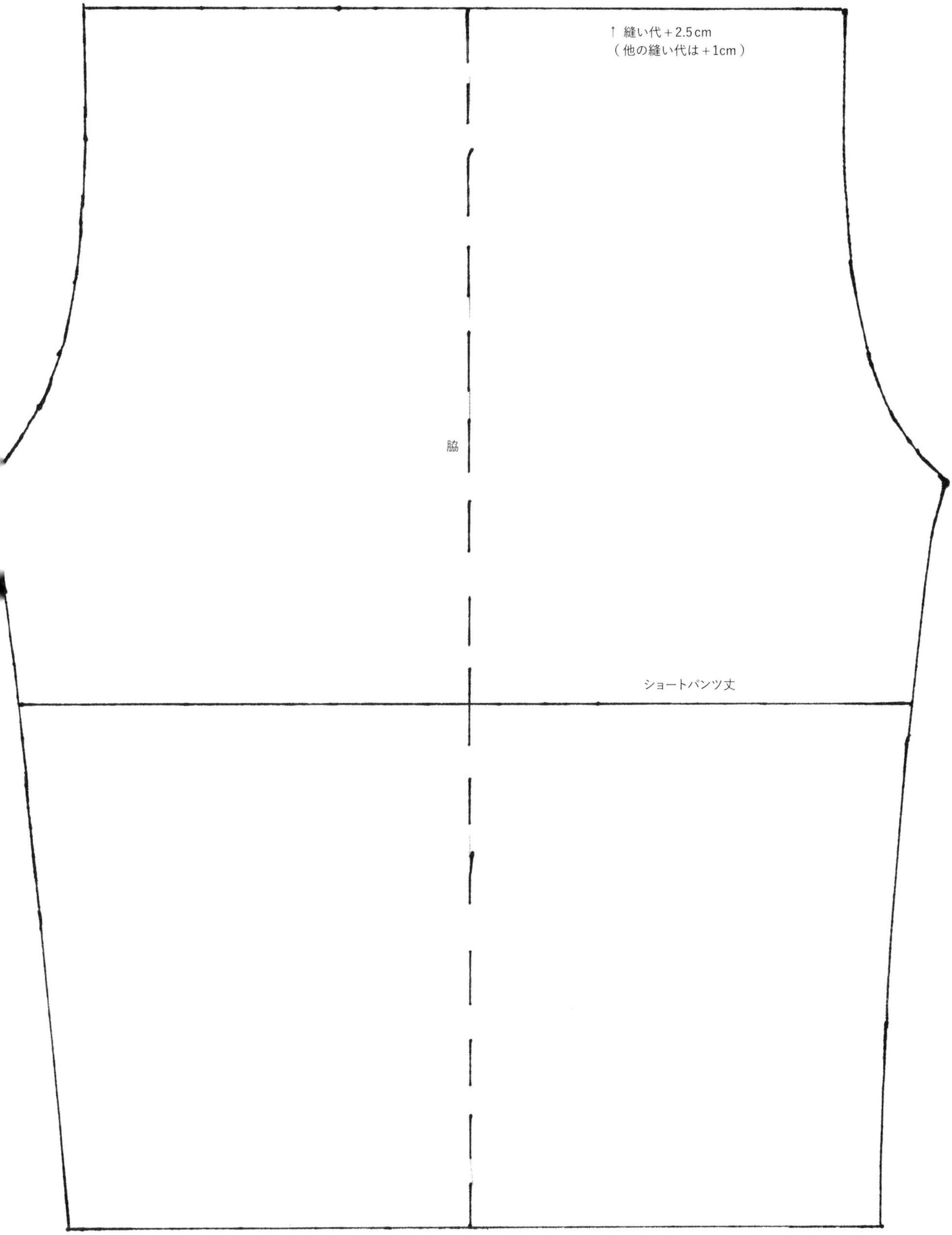

脇

↑ 縫い代＋2.5cm
（他の縫い代は＋1cm）

ショートパンツ丈

パリの着せ替え人形と 手編みニット

2021 年 10 月 14 日　第一刷発行
2022 年　7 月　5 日　第二刷発行

著者：今野 はるえ　ル ゴルヴォン 朋子
写真：篠 あゆみ
デザイン：白石 哲也（Fält）
編集：福永 恵子（産業編集センター）

撮影協力：Maison NH、Atelier ÈS
カゴ提供：Saji（@saji55）
トランク提供：LOPPIS153
Tシャツ（カバー）生地提供：CHECK＆STRIPE

発行：株式会社産業編集センター
〒112-0011 東京都文京区千石 4-39-17
TEL 03-5395-6133
FAX 03-5395-5320

印刷・製本：株式会社シナノパブリッシングプレス